LOGE MAÇONNIQUE

LA RÉUNION

.·.

DERNIER ADIEU

A UN FRÈRE

TOULON

IMPRIMERIE HYACINTHE VINCENT, RUE NEUVE, 20

1867

DERNIER ADIEU
A UN FRÈRE

« Pour parler de la femme, a dit Diderot, il faut tremper sa plume dans les couleurs de l'arc-en-ciel. »

Où faudrait-il tremper cette même plume pour parler de l'homme qu'un cortége aussi nombreux que pieusement recueilli accompagnait, samedi matin, 2 février, à sa dernière demeure?

Est-ce dans les larmes des malheureux qui pleuraient en lui un bienfaiteur, un père, dont la main, aussi modestement que généreusement ouverte, savait avec tant de délicatesse venir au secours de leur infortune?

Est-ce dans les larmes de ces nombreux amis que, par des moyens de lui seul connus, il avait si souvent et surtout si efficacement aidés, alors que lui-même eût eu besoin d'aide dans ses embarras personnels?

Est-ce enfin dans les larmes de ces amis plus intimes auxquels il enseigna si longtemps le chemin de la bienfaisance, de l'honneur, d'une loyauté à toute épreuve ?

Ou n'est-ce pas plutôt dans le mélange de toutes ces larmes de bon aloi, dont une foule exceptionnellement compacte de gens de tout âge, de tout sexe, de toute condition, arrosait le parcours qui conduisait l'homme de bien, de la maison de Dieu à l'asile des morts ?

Mais le courage nous manque pour faire le panégyrique d'un ami dont tous les instants furent consacrés à la recherche de la vertu dans tout ce qu'elle a d'exquis et de beau.

Raconter les actes héroïquement vertueux de la vie de Rebuffa serait une charge que nul n'ose accepter, tant en serait longue l'énumération.

Des paroles de regret et d'adieu, conçues par un

cœur qui a été à même de l'apprécier, et prononcées d'une voix que les sanglots eussent entrecoupée si le devoir ne l'avait affermie, ont rendu hommage à sa mémoire en présence de la tombe qui devait recevoir sa dépouille mortelle.

Cette oraison funèbre, dans laquelle le VÉNÉRABLE de la Loge Maçonnique *La Réunion* s'est rendu l'interprète des sentiments de tous, a échappé à l'émotion des uns, à l'éloignement des autres ; le regret nous en a été manifesté de tout côté et nous considérons comme un devoir, si non bien doux, au moins consolant, de répéter à ceux qui n'ont pu les entendre, les paroles de notre excellent frère Doué :

MESSIEURS ,

MES FRÈRES,

« Le monde a perdu un honnête homme , un bon citoyen ; la Maçonnerie un de ses membres les plus regrettables, les plus honorés.

» Une fois encore, nous voici dans le champ de repos, dans l'asile des morts, venant confier à la terre les restes inanimés d'un ami.

» C'est que le trépas est la loi de la nature, le tribut de notre être, une dette que nous devons tous payer ; insensé serait celui qui oserait espérer que son corps subsistera éternellement ; mais aussi, et nous devons par dessus tout le graver dans nos esprits, tout dans notre être ne meurt pas ; notre âme, immatérielle comme Dieu qui l'a créée, doit retourner vers lui afin de jouir d'une vie meilleure.

» Cette immortalité de l'âme est trop d'essence divine, elle est trop dans le cœur de chacun de nous, pour que nous ne la sentions pas, vraie, juste, quoi qu'on en ait dit, quoiqu'on ait cherché à la nier.

» C'était le principe fondamental que nous vous développions lorsque la malheureuse nouvelle est venue au milieu d'une joie, nous plonger dans la plus profonde tristesse : mais comme si chacune des heures de notre existence devait nous servir d'enseignement, dans cette mort inattendue qui a brisé momentanément un des anneaux de notre indissoluble chaîne, vous avez dû sentir que nous devions resserrer davantage nos liens et mettre, avec plus de vigueur, en pratique ce beau précepte du Christ « Aimons-nous les uns les autres. »

» Celui que nous venons de perdre était des plus estimés, des plus aimés, lui qui nous en avait donné souvent, et trop largement peut-être, l'exemple.

» Pour moi qui ai eu le bonheur de connaître Rébuffa, d'apprécier chacun des actes de sa vie extérieure, d'être particulièrement admis à son intimité, je vais essayer de vous donner ses titres à la vénération que lui doit la Maçonnerie Toulonnaise. Dans les Orients étrangers, chacun a pu et su apprécier celui qui nous a été enlevé si précipitamment et loin de nous, nous laissant le regret de n'avoir pu serrer une main si loyale et si franche, de n'avoir pu lui fermer les yeux.

» Bon Maçon ! depuis 25 années, il ne s'était jamais démenti un seul moment ; il était arrivé, au prix de fatigues ardues, à réparer les brèches qu'un cœur trop généreux lui avait fait combler pour les autres : que ceux qui ont abusé de ce cœur si confiant et qui, indirectement sans aucun doute , ont avancé le terme d'une existence si belle , dont nous pourrions dire, comme on le disait de Titus :

« Il n'a jamais perdu sa journée, »

que ceux-là, dis-je, aient le repentir ; nous, ses mandataires, nous leur envoyons le pardon.

Lors même que vous n'auriez pas vu les marques honorifiques que, dans sa juste appréciation, le Grand Orient avait remises au frère Rébuffa, lors même que vous n'auriez pas connu les titres de « Membre à perpétuité » que plusieurs Loges étrangères à notre Orient avaient décerné à notre ami , vous avez dû entendre dire par nos anciens, que pendant bien long temps Rébuffa n'avait jamais manqué une seule tenue malgré ses nombreuses occupations.

Il y a quelques années, le Grand Orient de France le chargea d'une mission à Marseille, mission pénible et délicate qu'il remplit à la grande satisfaction de tous.

N'est-ce pas à lui que notre respectable Loge a dû un certain moment la vie ? Ne l'avez-vous pas acclamé six fois votre Vénérable ? Mais les fatigues et, il faut bien le dire, l'abus que des étrangers avaient fait de sa générosité le rendirent malade ; il avait déjà eu deux accès du mal qui ne devait pas lui faire grâce.

» Avec douleur et par ordre de son médecin, il se vit contraint de modérer l'ardeur de son zèle maçonnique.

» Vous l'aviez nommé Vénérable d'honneur, titre bien légitimé par son dévouement continu à notre belle institution.

» Il voulait lutter contre la nature de son tempéramment et, mercredi dernier, souffrant déjà, et malgré nos prières, il restait jusqu'à une heure assez avancée. Ce fut la dernière fois que nous pûmes lui serrer les mains.

» Bon citoyen ! Ah ! il le fut, mes Frères , jusqu'à son dernier moment. Vous qui avez vécu dans le commerce de son amitié, dites-nous s'il ne fut pas toujours probe et aimant.

» Ne l'avez-vous pas vu alors que, par le suffrage

de ses concitoyens, il était conseiller municipal, chargé de la direction de l'ambulance du théâtre, se prodiguer jour et nuit pour essayer d'arracher à l'affreux fléau, une victime.

» 1835, 1849, 1854, 1865 , années néfastes que Toulon n'oubliera jamais, n'avez-vous pas vu ce même homme ne reculant devant aucun sacrifice, ne poursuivant qu'un seul but, le soulagement de ses semblables et des malheureux ? Il y avait quelques jours à peine que notre pauvre ami, sur ma demande, me donnait une copie des remercîments à lui adressés et par le Préfet du département et par Son Excel. le Ministre de l'intérieur : pieux souvenirs que je conserve religieusement.

» Demandez au Mourillon, demandez à tous ceux qui ont eu des relations avec lui et chacun vous dira : nous avons perdu un ami, un bienfaiteur : nous aussi nous dirons à ceux qui viendront après nous : Nous avons perdu Rébuffa !

» Et maintenant allez demander à sa veuve éplorée, à sa mère infortunée, allez leur demander si on peut écrire sur sa tombe, à lui qui fut si courageux, si honnête et si bon, l'inscription trop usuelle de : Bon Fils, Bon Époux. Oh ! mes Frères , leurs larmes seront la plus éloquente réponse.

» Que cette manifestation publique, pieuse et sainte, faite par un ami au nom de ses amis, puisse être une consolation pour sa mère, pour sa veuve.

» Adieu , Rébuffa ! au nom de tes Frères de la Res_
pectable Loge *La Réunion* dont tu ne viendras plus
partager les travaux !

» Adieu ! au nom de tous les Frères qui n'ont pas
pu venir apporter ici un pieux témoignage de profond
respect !

» Adieu ! encore au nom de tou₃ ceux qui t'ont
connu et qui ne peuvent te refuser une larme !

» Jouis de la vie qui t'est réservée dans un monde
meilleur avec la tranquillité d'âme que donne la satisfaction du devoir accompli; tu vivras parmi nous, tu
vivras dans nos cœurs.

» A DOUÉ. »

2 février 1867.

Toulon. — Imp. H. Vincent, rue Neuve, 20

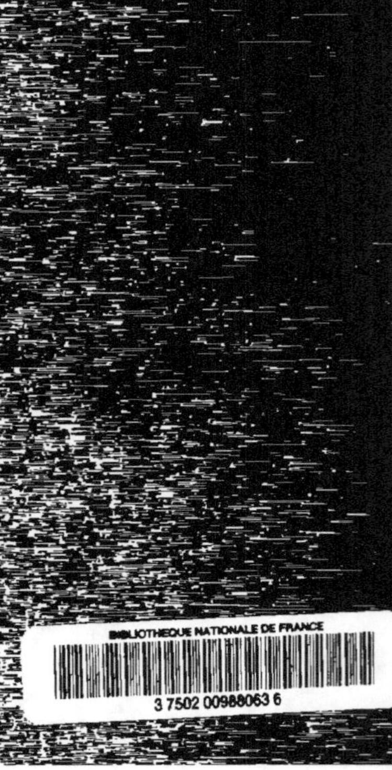